WORLD ALMANAC®
BIBLIOTECA DE LOS ESTADOS

Nueva York

EL ESTADO IMPERIAL

por Jackie Ball y Kristen Behrens

Asesora curricular: Jean Craven,
Directora de Apoyo para la Enseñanza,
Albuquerque, NM, Escuelas Públicas

WITHDRAWN

**Scripps Miramar Ranch
Library Center**

WORLD ALMANAC® LIBRARY

Please visit our web site at: www.worldalmanaclibrary.com
For a free color catalog describing World Almanac® Library's list of high-quality books
and multimedia programs, call 1-800-848-2928 (USA) or 1-800-387-3178 (Canada).
World Almanac® Library's fax: (414) 332-3567.

Library of Congress Cataloging-in-Publication Data available upon request from publisher.
Fax (414) 336-0157 for the attention of the Publishing Records Department.

ISBN 0-8368-5546-9 (lib. bdg.)
ISBN 0-8368-5553-1 (softcover)

First published in 2004 by
World Almanac® Library
330 West Olive Street, Suite 100
Milwaukee, WI 53212 USA

Design and Editorial: **Jack & Bill**/Bill SMITH STUDIO Inc.
Editors: Jackie Ball and Kristen Behrens
Art Directors: Ron Leighton and Jeffrey Rutzky
Photo Research and Buying: Christie Silver and Sean Livingstone
Design and Production: Maureen O'Connor and Jeffrey Rutzky
World Almanac® Library Editors: Patricia Lantier, Amy Stone, Valerie J. Weber,
  Catherine Gardner, Carolyn Kott Washburne, Alan Wachtel, Monica Rausch
World Almanac® Library Production: Scott M. Krall, Eva Erato-Rudek, Tammy Gruenewald,
  Katherine A. Goedheer
Translation: Victory Productions, Inc.

Photo credits: p. 4 © PhotoDisc; p. 6 (all) © Corel; p. 7 (clockwise) © Corel, © ArtToday,
© PhotoDisc; p. 9 © Corel; p. 10 © Bettmann/CORBIS; p. 11 © Library of Congress; p. 12
© 2001 N.Y.S. Department of Economic Development; p. 13 © Dover Publications; p. 14
© Jeffrey Rutzky; p. 17 © Bettmann/CORBIS; p. 18 © PhotoDisc; p. 19 © Corel; p. 20–23 (all)
© Corel; p. 26 (from left to right) © PhotoDisc, courtesy of NYSE; p. 27 © Corel; p. 29 © 2001
N.Y.S. Department of Economic Development; p. 30 courtesy of NY General Assembly; p. 31 (all)
Dover Publications; p. 32 © Bernard Obermann/CORBIS; p. 33 (all) © Corel; p. 34 © Corel; p. 35
© Corel; p. 36 (top) © Library of Congress, (bottom) © Library of Congress; p. 38 (from left to
right) © Dover Publications, © PhotoDisc; p. 39 © Hulton-Deutsch Collection/CORBIS; p. 40
(clockwise) © Dover Publications, © Dover Publications, © PhotoDisc; p. 41 © PhotoDisc;
p. 42–43 © Library of Congress; p. 44 (from left to right) © Jeffrey Rutzky, © Corel; p. 45 (top)
© Corel, (bottom) © PhotoDisc

Printed in the United States of America

1 2 3 4 5 6 7 8 9 07 06 05 04 03

Nueva York

Dos mundos en uno

Una mirada al mapa te dará una pista importante para comprender el estado de Nueva York: su forma. Ancho y extenso arriba, va angostándose más y más hasta bajar al océano Atlántico. La notable diferencia entre la forma que el estado tiene arriba y abajo refleja las profundas diferencias en el estilo de vida, la cultura, la geografía, el clima y la política entre su parte superior y la inferior. En realidad, el estado de Nueva York está tan lleno de contradicciones que casi es dos mundos diferentes.

Un mundo lo representa la ciudad de Nueva York, la ciudad más grande del estado y del país. Más del 40 % de los neoyorquinos viven en este brillante y superpoblado símbolo de poder y prestigio en el extremo sur del estado. Estos 8 millones de residentes se amontonan en una franja diminuta que tiene menos del 1 % de las 47,214 millas cuadradas (122,284 km²) del estado. Otro 40 % de residentes neoyorquinos vive en ciudades más pequeñas y suburbios. Sin embargo, el porcentaje más pequeño de la población vive en la zona más grande del territorio. Una parte del norte de Nueva York está tan escasamente poblada como algunas partes de Nevada.

Nueva York tiene la apariencia de un embudo torcido y también ha tenido esa función a través del tiempo. A través de la inmensa vía navegable interna que forman los ríos Hudson y Mohawk, el canal de San Lorenzo y el canal Erie se han canalizado desde los Grandes Lagos hasta el Atlántico miles de millones de toneladas de madera, acero, harina, manzanas, petróleo y otros productos. Los productos significan miles de millones de dólares que regresan al estado, y le otorgan a Nueva York un lugar poderoso en la industria y el comercio que lo hace merecedor de su nombre, el Estado Imperial.

Algunos dicen que George Washington acuñó ese nombre en 1784. Aun desde antes, Nueva York ha sido símbolo de la independencia y refugio para los que buscan todo tipo de libertad. En el siglo XVI el explorador italiano Giovanni da Verrazano contempló sus playas y dijo que el lugar tenía «una apariencia deliciosa y encantadora». Hoy la gente simplemente dice o canta: «I love New York» (Yo amo a Nueva York.)

▶ *Derecha:* **Mapa del estado de Nueva York que muestra el sistema de carreteras interestatales, así como las ciudades y las vías de navegación más importantes.**

Derecha, abajo: **Mapa de la ciudad de Nueva York que muestra los cinco distritos, los principales aeropuertos de Nueva York y varios lugares turísticos de importancia.**

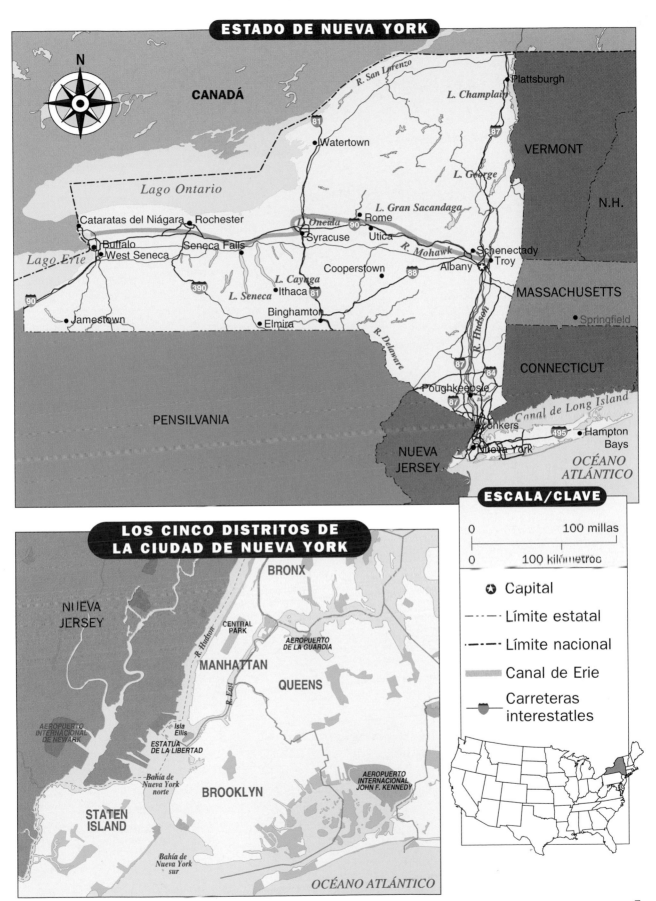

ESTADO DE NUEVA YORK

N

CANADÁ

R. San Lorenzo

Plattsburgh

L. Champlain

Watertown

VERMONT

L. George

N.H.

Lago Ontario

L. Gran Sacandaga

Cataratas del Niágara • Rochester

L. Oneida • Rome

Buffalo

Syracuse • Utica

West Seneca

Seneca Falls

R. Mohawk

Schenectady

Troy

Lago Erie

Cooperstown

Albany

MASSACHUSETTS

L. Cayuga

L. Seneca • Ithaca

Springfield

Jamestown

Binghamton

Elmira

R. Delaware

R. Hudson

CONNECTICUT

Poughkeepsie

Canal de Long Island

Yonkers

Hampton Bays

PENSILVANIA

NUEVA JERSEY

Nueva York

OCÉANO ATLÁNTICO

LOS CINCO DISTRITOS DE LA CIUDAD DE NUEVA YORK

BRONX

NUEVA JERSEY

CENTRAL PARK

R. Hudson

AEROPUERTO DE LA GUARDIA

MANHATTAN

QUEENS

R. East

AEROPUERTO INTERNACIONAL DE NEWARK

Isla Ellis

ESTATUA DE LA LIBERTAD

Bahía de Nueva York norte

AEROPUERTO INTERNACIONAL JOHN F. KENNEDY

BROOKLYN

STATEN ISLAND

Bahía de Nueva York sur

OCÉANO ATLÁNTICO

ESCALA/CLAVE

| 0 | 100 millas |

| 0 | 100 kilómetros |

⊛ Capital

–··–··– Límite estatal

–·–·– Límite nacional

▬▬ Canal de Erie

Carreteras interestatles

Datos breves

NUEVA YORK (NY), El Estado Imperial

Se incorporó a la Unión

26 de julio de 1788 (11 estado)

Capital	Población
Albany	95,658

Población total (2000)

18,976,457 (3.° estado más poblado)

Ciudades más grandes	Población
Nueva York	8,008,278
Buffalo	292,648
Rochester	219,773
Yonkers	196,086
Syracuse	147,306

Superficie

47,214 millas cuadradas (122,284 km²)
(30 estado más grande)

Lema del estado

«Excelsior». *En latín significa «siempre hacia arriba»*

Canción del estado

I Love New York (Yo amo a Nueva York), *de Steve Karmen*

Animal del estado

Castor. *Los primeros pobladores se ganaban la vida vendiendo pieles de castor a Europa.*

Ave del estado

Ruiseñor azul oriental. *En los años cincuenta la población de estas aves disminuyó. Ahora, gracias al esfuerzo de entidades públicas y privadas, su número está aumentando.*

Pez del estado

Trucha de fontana. *Conocida también como «brookie» o «speckles».*

Insecto del estado

Mariquita. *Este miembro de la familia de los escarabajos colabora con los horticultores al comerse las plagas de insectos.*

Árbol del estado

Arce azucarero

Flor del estado

Rosa. *En 1955 se estableció como flor del estado las rosas silvestres y las cultivadas, en todas sus variedades y colores. Cuando se eligió la flor, las autoridades opinaron que las variedades de rosas reflejaban la diversidad del estado.*

Concha del estado

Almeja voladora de bahía

Gema del estado

Granate rojo oscuro

Bebida del estado

Leche

Fruta del estado

Manzana. *Los primeros habitantes europeos trajeron semillas de manzana a la región que después se transformó en Nueva York.*

Bizcocho del estado

Bizcocho de manzana. *Siglos después de la llegada de los primeros colonos, los estudiantes de primaria de Bear Road perfeccionaron la receta de éste bizcocho. Convencieron al gobernador para que declarara a ese bizcocho, el bizcocho oficial del estado.*

LUGARES PARA VISITAR

Salón de la Fama del Béisbol Nacional,

Cooperstown Además del museo del béisbol, Cooperstown se caracteriza por tener un museo agrícola y un conjunto de edificios de fines del siglo XVIII y principios del XIX. Ésta fue la ciudad natal de James Fenimore Cooper, autor de *El último de los mohicanos.*

Fuerte Ticonderoga, sobre el *Lago Champlain*

En 1775, durante la guerra de la Revolución, Ethan Allen y sus hombres obligaron a los británicos a rendirse en este lugar. El fuerte actual es una reconstrucción.

Naciones Unidas,

ciudad de Nueva York
En 1945 este complejo se estableció como la sede mundial de las

Naciones Unidas. Se considera zona internacional y es propiedad de los países participantes.

Véanse otros lugares y sucesos en la página 44.

MÁS GRANDE, MEJOR, SUPERIOR

- El puente Verrazano Narrows, que une Staten Island y Brooklyn, es el puente colgante más largo de Estados Unidos.

- El 25 de enero de 1915 Alexander Graham Bell hizo la primera llamada telefónica transcontinental desde Nueva York hasta San Francisco, donde estaba su asistente Watson.

- Se pueden encontrar más bibliotecas en Nueva York que en cualquier otro estado.

PRIMICIAS DEL ESTADO

- 1747— El primer rancho ganadero en lo que hoy es el territorio de Estados Unidos se instaló en Montauk, Nueva York, en el extremo más oriental de Long Island.

- 1831— El primer ferrocarril de Estados Unidos recorría una distancia de 11 millas (17.7 km), entre Albany y Schenectady.

- 1901— Nueva York fue el primer estado que exigió placas en los automóviles.

Poner sobrenombre a una nación

Cuando Samuel Wilson, de Troy (Nueva York), recibió un contrato para proveer carne a las tropas de EE.UU. durante la guerra de 1812, envasó la carne en barriles que marcó con las letras «U.S.». Esta abreviatura no era común, y sus empleados preguntaron qué significaban las iniciales. En broma, él respondió *Uncle Sam* (tío

Sam). Con los años, «tío Sam» se convirtió en el sobrenombre de Estados Unidos, representado por los famosos carteles de reclutamiento de la Primera Guerra Mundial. En 1961, el Congreso reconoció a Samuel Wilson como el hombre que inventó el símbolo.

¿El responsable de las papas fritas?

Cuando un cliente de un elegante hotel de Saratoga Springs, centro turístico al norte de Albany, se quejó porque las papas a la francesa eran demasiado gruesas, el cocinero, George Crum, amerindio, decidió vengarse. Cortó las papas tan finas que era imposible comerlas con tenedor. El cliente adoró el invento de Crum, y el hotel lo agregó al menú, y las llamó papas fritas Saratoga. Finalmente, se convirtieron en la especialidad de Nueva York y Nueva Inglaterra, y Crum abrió su propio restaurante donde las papas fritas tuvieron un lugar destacado.

Un país agradable y fructífero

> Se visten con pieles de ciervo amplias y bien curtidas.
> Tienen cobre amarillo. Desean ropa y son civilizados.
> Tienen una gran provisión de maíz o trigo indio,
> del que hacen buen pan.
>
> —*Johannes de Laet,* Crónicas del Hudson

La mayoría de los historiadores creen que hace 20,000 años llegaron a América del Norte los primeros habitantes. Hace 8,000 años llegaron las primeras personas al lugar que más tarde sería el estado de Nueva York. Durante miles de años surgieron distintas culturas.

Los algonquinos ocupaban el territorio que se extiende desde el valle del río Hudson hacia el límite con el Atlántico. Los iroqueses ocupaban el interior, y cultivaban el suelo fértil del valle del río Mohawk. Durante muchos años, iroqueses y algonquinos estuvieron en guerra. También distintas tribus iroquesas peleaban entre ellas, aunque muchas de las escaramuzas eran por temas menores de propiedad, hasta que en 1570 se formó la Confederación Iroquesa y llegó la paz.

Las tribus agrupadas en la Confederación se denominaban a sí mismas «la gente de la casa comunal». La casa comunal era la estructura más común de sus poblados. En cada edificación larga y angosta podían vivir muchas familias. Era mucho más que una vivienda, representaba el sistema político de los iroqueses. Los historiadores comparan la Confederación con una casa comunal gigante que se extendía a través del norte de Nueva York, cuyos jefes eran como pilares que sostenían a la sociedad.

Aunque en esa época la guerra era un hecho cotidiano, la tradición de la igualdad y la comunidad también lo era. Algunos historiadores opinan que la sociedad iroquesa fue un modelo para el gobierno de Estados Unidos, con derechos iguales y respeto esencial para cada individuo.

Naciones algonquinas

Montauks

Munsees

Delawares

Wappingers

Mahicans (Mohegans)

Naciones iroquesas

(También conocidas como las Cinco Naciones)

Cayugas

Mohawks

Oneidas

Onondagas

Senecas

La llegada de los europeos

Algunos creyeron que era un pez o un animal extraordinariamente grande, mientras que otros pensaron que era una casa muy grande que flotaba sobre el mar.

—Informe sobre las reacciones de los amerindios la primera vez que vieron el barco de Henry Hudson, el *Half Moon*

El primer europeo que visitó Nueva York fue, probablemente, Giovanni da Verrazano, un italiano que enviaron los franceses en 1524 a explorar la zona. Visitó el actual puerto de Nueva York.

▼ **El río Hudson, que se muestra en la foto de abajo como se veía en el siglo XIX, ha sido vital para la economía de Nueva York desde la época de los primeros colonizadores.**

En 1609, el francés Samuel de Champlain viajó desde el sur de Canadá hasta el norte de Nueva York. El lago Champlain lleva su nombre. También en 1609, el inglés Henry Hudson, que trabajaba para una compañía holandesa, navegó cerca de 100 millas (161 km) hacia el norte por el que hoy se conoce como el río Hudson, para buscar una ruta hacia el océano Pacífico. No la encontró, pero reclamó la zona en nombre de los holandeses y la bautizó Nueva Holanda.

En 1624 los colonizadores holandeses construyeron el fuerte Orange cerca de donde está actualmente la capital de Nueva York, Albany. En 1625 se fundó otro asentamiento ubicado en un extremo de una isla pequeña en la desembocadura del Hudson. El gobernador holandés Peter Minuit supuestamente pagó a los algonquinos, los residentes nativos, con cuentas y baratijas por un valor de 60 florines, alrededor de $24, por la isla que ellos llamaban *Mana-Hatta* (Manhattan). Minuit bautizó el asentamiento con el nombre de Nueva Ámsterdam.

Durante cuarenta años, llegaron más colonos holandeses para vivir junto al Hudson. Cultivaron la tierra y comerciaron pieles de castor y de nutria con los indios. Mientras tanto, en el sur, Nueva Ámsterdam se poblaba de gente que venía de toda Europa, la clase de rica mezcla étnica que se convertiría en el sello característico de Nueva York.

La población de Nueva Ámsterdam creció y también su influencia en el comercio. La mayoría de los barcos que transportaban carga desde y hacia las colonias debían pasar por el puerto de Nueva York. Inglaterra, que ya tenía el control de las demás colonias sobre el Atlántico, quería Nueva Ámsterdam y en 1664 envió barcos de guerra. El gobernador holandés Peter Stuyvesant se rindió. Cinco años más tarde Nueva Ámsterdam se rebautizó como Nueva York en honor al duque inglés de York.

La guerra contra la Alianza Franco-Indígena (1754-1763)

Los holandeses ya no eran un problema para el total dominio británico de las colonias del Atlántico, pero los franceses sí. Tanto Gran Bretaña como Francia deseaban controlar el provechoso comercio indio de pieles. La guerra contra la Alianza Franco-Indígena estalló después de que Francia comenzó a construir fuertes desde el río San Lorenzo, en Canadá, hacia el sur, sobre el río Mississippi, en territorio que reclamaba la colonia inglesa de Virginia. Ambos bandos utilizaron a los indios: los iroqueses se pusieron del lado de los británicos y los algonquinos se aliaron por propia voluntad con los franceses.

En un principio, el ejército británico sufrió muchas derrotas, incluida la pérdida del fuerte Oswego en la frontera con Canadá. Así, los colonos del lugar quedaron expuestos a los ataques de los franceses y los indios. Sin embargo, en 1758 Inglaterra envió soldados mejor entrenados. En 1759 se tomó Quebec, a Francia la derrotaron rápidamente, y la guerra terminó en 1763 con el Tratado de París.

Una nación nueva

La consecuente exposición de la maldad pública, que es una obligación de todos los hombres hacia la verdad y hacia su país, nunca puede ser difamación de la naturaleza de las cosas.
—Del juicio por difamación contra John Peter Zenger

Con la paz, llegaron miles de pobladores más. Sin embargo, tensiones nuevas flotaban en el aire.

The *New-York Weekly Journal*

Este periódico político publicado por John Peter Zenger (1697-1746), contenía artículos que atacaban al impopular gobernador real de la colonia, William Cosby, y lo llamaban «idiota» y «bribón». A consecuencia de esto, en 1734 se arrestó a Zenger por difamación, que en ese momento significaba la publicación de una declaración dañina sobre alguien, fuera o no cierta.

El jurado, a pesar de las instrucciones del juez de que la verdad no era defensa contra la difamación, halló que las declaraciones en el periódico eran verdaderas y que Zenger no era culpable. Pionero del periodismo, Zenger facilitó el camino para la instauración de la libertad de prensa en las colonias norteamericanas.

Los grupos de colonos que se denominaban patriotas se impacientaban con el gobierno británico. Al mismo tiempo, los colonos leales al rey eran fieles a Inglaterra.

En abril de 1775 sonaron en Massachusetts los primeros disparos de la guerra de la Revolución. El 9 de julio de 1776 Nueva York autorizó a sus delegados en el Congreso Continental para que aprobaran la Declaración de Independencia, que se había adoptado el 4 de julio. Al mismo tiempo se estableció el propio gobierno estatal de Nueva York. Tres días más tarde, los barcos británicos entraron al puerto de Nueva York y comenzaron las batallas. Con el tiempo se pelearían en el estado noventa y dos batallas por la guerra de la Revolución. Finalmente, el 25 de noviembre de 1783, las tropas británicas abandonaron la ciudad de Nueva York, que habían ocupado durante la mayor parte de la guerra. Había nacido una nación nueva y libre.

Sin embargo, lamentablemente no era una nación, o estado, completamente libre. La esclavitud era todavía una práctica aceptada en el norte y en el sur. En Nueva York, los iroqueses sufrieron terribles e irreparables pérdidas. En 1777, para vengarse del apoyo de los iroqueses a los británicos, el general George Washington había ordenado un ataque total a las poblaciones iroquesas en la región de los Finger Lakes. La confederación iroquesa se destruyó, y la «casa comunal» se hizo añicos.

Se produjeron más asentamientos después de la guerra de 1812 con Inglaterra, cuando a los soldados se les concedió tierras. Alrededor de 1820, en Nueva York vivían más de 1,370,000 personas, más que en cualquier otro estado de la

Un pasado vergonzoso

En 1626 los colonizadores holandeses trajeron once esclavos africanos a la ciudad de Nueva York. Hacia 1740, los esclavos formaban el 21 % de la población de la ciudad.

En 1799, la legislatura del estado de Nueva York fue la primera en iniciar el camino para abolir la esclavitud al declarar que los niños nacidos de esclavos serían libres a los 28 años, en el caso de los hombres, y a los 24, en el caso de las mujeres. Finalmente en 1817, se eligió como día en el que todos los esclavos dentro del estado de Nueva York serían libres el 4 de julio de 1827.

Unión. El estado crecía rápidamente, por lo tanto, ¿qué podía ser mejor que un rápido medio de transporte?

Adelante a todo vapor

Desde 1630 científicos e inventores habían estado trabajando en un barco de vapor, cuando se otorgó a David Ramseye una patente inglesa «para construir barcos y barcazas que navegaran contra viento y marea». Sin embargo, fue el neoyorquino Robert Fulton quien consiguió el dinero para lograr que el motor de vapor fuera una realidad. En 1809, Fulton navegó el Hudson en su barco con ruedas de paleta *North River Steamboat,* de 130 pies (40 metros), más tarde bautizado *Clermont.*

El este se encuentra con el oeste

La llegada del barco de vapor revolucionó los viajes de pasajeros. Al mismo tiempo, los líderes políticos y económicos de Nueva York trataban de resolver cómo enviar por barco mercaderías a través del estado y hacia otros estados, incluso hacia Europa. Una gran idea surgió: cavar una gran zanja, un canal, que conectara el lago Erie y el río Hudson. Aunque muchos se burlaron de la idea, hasta Thomas Jefferson la denominó «locura», el canal de Erie se terminó en 1825. Cruzaba el estado desde Buffalo, en el lago Erie, hasta Troy y Albany, sobre el río Hudson. El canal se volvió una conexión importante en una ruta acuática entre la ciudad de Nueva York y Buffalo.

En la vía rápida

Ahora el estado tenía una autopista acuática fluvial que conectaba sus partes interiores y conducía al mar. Pronto hubo también un sistema por tierra. En 1831, el primer ferrocarril, el Mohawk and Hudson, comenzó a correr entre Albany y Schenectady. Lo siguió el New York Central, de Cornelius Vanderbilt. Finalmente, el ferrocarril se extendió hasta la ciudad de Nueva York. La construcción del canal y del ferrocarril dio trabajo a muchos de los miles de inmigrantes europeos que llegaban. Hacia 1850 Nueva York era un verdadero «imperio»: líder, número uno de la nación en población, industria y comercio.

El estado también estaba por convertirse en líder de un nuevo movimiento político: la reforma. Los neoyorquinos estaban enojados por las prácticas injustas y querían acción.

Movimiento reformista

En 1839 llegaron las primeras protestas, cuando los agricultores arrendatarios se negaron a pagar el alquiler a los terratenientes

**Robert Fulton
(1765–1815)
Diseñador del primer barco de vapor**

Los primeros barcos de vapor eran ruidosos y despedían una brillante «galaxia de chispas». Las tripulaciones de los barcos cercanos estaban aterrorizadas, como lo indica el siguiente relato: «Cuando el barco de vapor se acercaba tanto que se podía escuchar el ruido del motor y de las paletas, en algunas ocasiones las tripulaciones se zambullían debajo de la cubierta debido a la visión terrorífica, y abandonaban su nave para ir a la playa, mientras otros se arrodillaban e imploraban a la Providencia que los protegiera de la cercanía del horrible monstruo que marchaba sobre las mareas e iluminaba su camino con los fuegos que vomitaba».

poderosos. Finalmente obtuvieron el derecho de posesión de la tierra. En 1848 Elizabeth Cady Stanton y Lucretia Mott mantuvieron en Seneca Falls la primera conferencia importante de los derechos de la mujer, que produjo la Declaración de Sentimientos que defendía el derecho femenino al voto.

Mientras tanto, los nuevos centros de manufactura provocaban en la ciudad de Nueva York oleadas nuevas de inmigrantes en busca de trabajo. Hacia 1900, más del 25 % de la población del estado estaba formada por personas que habían ingresado al país por la isla Ellis, en el puerto de Nueva York. Desde 1886 la Estatua de la Libertad ha permanecido en el puerto como un símbolo de libertad.

Siglo xx

En 1891, todos los ojos estuvieron sobre Nueva York. En septiembre el presidente William McKinley recibió un disparo fatal de un anarquista en la Exposición Panamericana de Buffalo. El vicepresidente Theodore Roosevelt, ex gobernador de Nueva York, asumió la presidencia.

La ciudad de Nueva York era un centro financiero. Los banqueros y los industriales progresaban, pero para los trabajadores las condiciones y los sueldos eran generalmente pobres. En 1911, en un incendio en la Triangle Shirtwaist Company en la ciudad de Nueva York, murieron 146 personas, principalmente mujeres y niñas, a las que habían encerrado en el edificio para mantenerlas en su puesto de trabajo. Este desastre dio como resultado leyes de seguridad para el lugar de trabajo y restricciones al trabajo de los niños, y provocó un interés nuevo en los sindicatos de trabajadores, especialmente entre los trabajadores inmigrantes.

En 1917, Estados Unidos interviene en la Primera Guerra

▼ **Los edificios de Manhattan recortados contra el horizonte**

Mundial. Miles de soldados partieron hacia Europa por el puerto de Nueva York. En 1918, cuando la guerra terminó, volvieron a través de ese mismo puerto a su hogar, en donde la economía estaba en auge. Sin embargo, una década más tarde el mercado de valores basado en la ciudad de Nueva York se derrumbó (en octubre de 1929), provocando la Gran Depresión. Millones de personas quedaron sin trabajo. En 1932, se elige como presidente al gobernador de Nueva York Franklin D. Roosevelt, quien promete programas de ayuda, basados en los que había utilizado en Nueva York.

Guerra y paz

En 1941 EE.UU. intervino en la Segunda Guerra Mundial. Nueva York fue el punto de partida de la mitad de las fuerzas con destino a Europa. El estado se ocupó de la producción de armas, uniformes, vehículos, y otros materiales militares.

Después de terminada la guerra se formaron las Naciones Unidas, y en 1950 se comenzó la construcción de su sede en la ciudad de Nueva York. Se construyeron puentes, autopistas y vías de navegación por todo el estado, entre ellos el canal de San Lorenzo, que permitió que los grandes transatlánticos navegaran entre el Atlántico y los Grandes Lagos.

En los años setenta se vio el cierre de fábricas y la pérdida de trabajo, pero hacia la mitad de la década la economía se recuperó y, con algunos altibajos, siguió en recuperación. En la actualidad los pobres todavía enfrentan problemas para encontrar vivienda y servicios sociales. El estado debe también encontrar fondos para mejorar el transporte y la educación.

A pesar de todo, inmigrantes de distintos lugares siguen llegando a la ciudad de Nueva York. Esta mezcla étnica y racial mantiene la punta del «embudo» entre las poblaciones más diversas del país y ubica al estado en segundo puesto, después de California, por el número de inmigrantes que recibe anualmente.

La fuerza y el espíritu de Nueva York nunca estuvo tan a prueba, como en el período que siguió al ataque terrorista del 11 de septiembre de 2001, que arrasó con el World Trade Center de la ciudad. Durante las semanas posteriores al ataque los neoyorquinos trabajaron codo a codo para apoyarse mutuamente, así como a la policía, a los bomberos, y a los equipos de rescate.

Siglos de comienzos nuevos

> ...notables y recurrentes revoluciones en la constitución étnica.
>
> —*Theodore Roosevelt,* Autobiografía, *1913*

La descripción de Teddy Roosevelt es tan verdadera para la actual ciudad de Nueva York y para el estado de Nueva York como lo era hace más de un siglo. Existen millones de neoyorquinos, 18,976,457 en el año 2000 para ser exactos. Muchos no nacieron en Estados Unidos o son hijos de inmigrantes. En la totalidad del estado representan un 20 % de la población. El porcentaje es mucho más alto en la ciudad de Nueva York, donde vive casi la mitad de la población del estado. Y no es un fenómeno nuevo. En 1860 cerca de la mitad de los residentes de la ciudad de Nueva York había nacido en el extranjero.

Durante muchos años, el puerto de Nueva York había sido el punto de entrada para ciudadanos nuevos de todas partes del mundo. Hacia finales del siglo XIX y principios del XX los funcionarios de inmigración de EE.UU. atendían a 5,000 inmigrantes diarios en la isla Ellis; muchos de ellos venían del sur y del este de Europa. Cien años más tarde, una proporción mayor de inmigrantes vienen de Asia y de Latinoamérica.

¿LO SABÍAS?

La población de la ciudad de Nueva York es mayor que la de cualquier ciudad de Estados Unidos. De hecho, tiene una población mayor que la de treinta y nueve de los cincuenta estados.

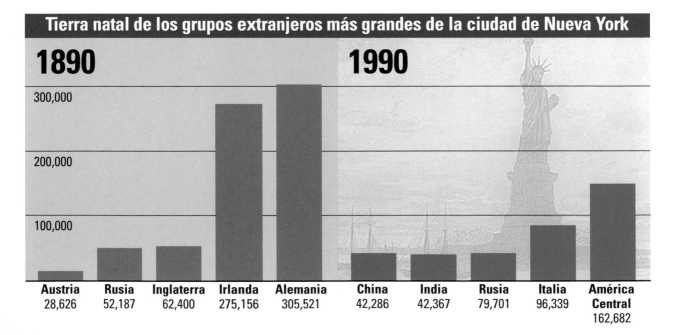

Tierra natal de los grupos extranjeros más grandes de la ciudad de Nueva York

1890					1990				
Austria	Rusia	Inglaterra	Irlanda	Alemania	China	India	Rusia	Italia	América Central
28,626	52,187	62,400	275,156	305,521	42,286	42,367	79,701	96,339	162,682

◀ Solamente desde Irlanda llegaron a EE.UU. más de 1.5 millones de personas. La mayoría de ellas, como la familia que vemos a la izquierda, llegaron a la ciudad de Nueva York, donde muchas se quedaron. Después de un difícil cruce del océano, por lo general encontraban trabajos como sirvientes o en la construcción. Con el tiempo construyeron iglesias, desarrollaron un sistema de escuelas relacionadas con la iglesia, trabajaron para formar sindicatos, y se convirtieron en una fuerza política importante.

Una vida mejor

Independientemente de los países de origen de los inmigrantes, el resultado es el mismo hoy que antes: una población diversa, influenciada por una siempre creciente cantidad de culturas. Las razones para inmigrar son siempre las mismas: vivir bajo condiciones económicas mejores y escapar de la persecución política o religiosa. La actitud de tolerancia de Nueva York hacia los grupos religiosos y las diversas nacionalidades se remonta a los antiguos días de la Nueva Ámsterdam que controlaban los holandeses, en los que se recibía a las minorías religiosas, como los cuáqueros y los judíos, así como a inmigrantes de toda Europa. Aún en épocas remotas como los años cuarenta del siglo XVII, se dice que en la ciudad se hablaban quince lenguas diferentes.

Distribución por edades en Nueva York	
0–4	1,239,417
5–19	3,971,834
20–24	1,244,309
25–44	5,831,622
45–64	4,240,923
más de 65	2,448,352

Herencia y origen, estado de Nueva York — Año 2000

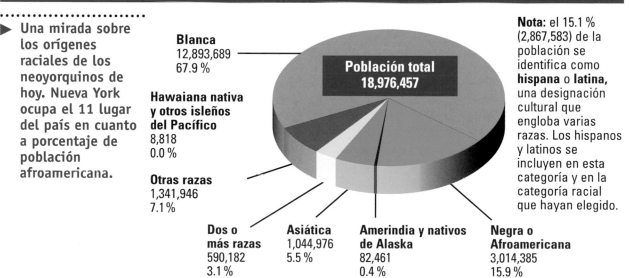

▶ Una mirada sobre los orígenes raciales de los neoyorquinos de hoy. Nueva York ocupa el 11 lugar del país en cuanto a porcentaje de población afroamericana.

Blanca
12,893,689
67.9 %

Hawaiana nativa y otros isleños del Pacífico
8,818
0.0 %

Otras razas
1,341,946
7.1 %

Dos o más razas
590,182
3.1 %

Asiática
1,044,976
5.5 %

Amerindia y nativos de Alaska
82,461
0.4 %

Negra o Afroamericana
3,014,385
15.9 %

Población total
18,976,457

Nota: el 15.1 % (2,867,583) de la población se identifica como **hispana** o **latina,** una designación cultural que engloba varias razas. Los hispanos y latinos se incluyen en esta categoría y en la categoría racial que hayan elegido.

¿Dónde viven los neoyorquinos?

La mayor parte de los más de 18 millones de neoyorquinos vive en ciudades, suburbios y pueblos. Más de 2.25 millones viven en los condados de Westchester y Nassau, a una distancia cómoda para un viaje regular a la ciudad de Nueva York. En el otro extremo del estado, el área metropolitana de Buffalo es la residencia de casi 1.2 millones de personas. Los pueblos pequeños, las granjas y las zonas rurales son todavía el lugar de residencia de muchos neoyorquinos.

Educación

En términos generales, la población actual de Nueva York tiene buen nivel de educación. La mayor parte de la clase trabajado-

Niveles de educación de los trabajadores de Nueva York	
Menos de 9.° grado.	372,308
De 9.° a 12 grado, sin diploma	902,759
Escuela secundaria completa, o equivalentes	2,399,362
Colegio universitario incompleto, sin título o título asociado	2,355,304
Licenciatura	1,388,034
Título profesional o de posgrado	974,074

Isla Ellis

La isla Ellis se inauguró en 1892. Su función era atender a los pasajeros de tercera clase, aquellos que viajaban en los cuartos estrechos y oscuros debajo de la cubierta, que describió el escritor inglés Charles Dickens como «un pequeño mundo de pobreza».

En la isla Ellis se revisaba a los pasajeros en busca de enfermedades, se averiguaba si tenían antecedentes delictivos, etc. Antes de su cierre en 1954, pasaron por el centro de atención más de 12 millones de personas.

▼ La isla Ellis hoy. En la actualidad es un museo que visitan anualmente millones de turistas.

ra ha completado al menos la escuela secundaria, y el porcentaje de trabajadores neoyorquinos que asistió a la universidad es el más alto de toda la nación.

Nueva York es un estado con gente relativamente mayor, de una edad promedio de 35.9 años, casi un año más que el promedio nacional. Basta compararlo con otros estados muy poblados como California y Texas, en los que la edad es de 33.3 y 32.3 respectivamente.

A fines del siglo XIX y principios del XX la enorme ola de inmigrantes europeos del este y del sur, muchos de los cuales eran católicos apostólicos romanos o judíos, tuvo gran influencia en el establecimiento en Nueva York de dos corrientes religiosas importantes. Han tenido también impacto los grupos afroamericanos: el estado de Nueva York ocupa el 11 lugar por la cantidad de pobladores de esa raza.

▲ Entre los conductores de taxi de la ciudad de Nueva York se hablan sesenta lenguas diferentes.

Religión

Los neoyorquinos practican muchas religiones diferentes. Cerca del 40 % son católicos y alrededor del 10 %, judíos. Entre los distintos grupos cristianos protestantes a los que pertenecen los neoyorquinos se encuentran las Iglesias bautista, metodista, episcopal, presbiteriana y luterana. Los musulmanes representan alrededor del 0.8 % de la población neoyorquina y el 0.2 % son budistas practicantes. Alrededor del 0.6 % es hindú y hay un porcentaje similar de agnósticos, que son los que no creen ni dejan de creer en Dios.

Antiguo + nuevo = tensión

La extraordinaria diversidad de Nueva York ha provocado épocas de tensión. Históricamente, las poblaciones recién llegadas no siempre se mezclaban fácilmente con los grupos más establecidos. Los grupos más antiguos se sentían amenazados por mano de obra nueva, personas con costumbres que consideraban extrañas. A veces los grupos más nuevos sentían que los explotaban con condiciones laborales pobres y un trato prejuicioso. Incluso parece probable que las «revoluciones recurrentes en la composición étnica» continuarán en el siglo XXI, no sólo en la ciudad de Nueva York sino en todo el estado. Los nuevos inmigrantes traerán capacidades y tradiciones novedosas que, como sucedió con los anteriores, se incorporarán al trabajo diario y a la vida cultural de todos los residentes del estado.

Un paisaje rico y accidentado

> La naturaleza ha sido muy pródiga aquí con los regalos de su belleza.
> —*Frederic Edwin Church, pintor, en una carta*
> *a Henry Wadsworth Longfellow*

El paisaje de Nueva York es tan diverso como su población. El estado es un mosaico de granjas y bosques, con montañas antiguas, ríos importantes, y playas oceánicas resplandecientes. Esta variedad de características físicas acompaña diferencias profundas en el clima y en la vida silvestre.

Clima

Nueva York suele tener primaveras húmedas, veranos cálidos y otoños frescos. Sin embargo las diferencias de temperatura entre los extremos norte y sur del estado pueden llegar a ser de 15 grados Fahrenheit (-9 grados Celsius) en verano y de 20 °F (-7 °C) o más en invierno. En invierno, en el sur suele nevar menos, su cercanía al océano le asegura también que la nieve no permanezca durante mucho tiempo. En otoño a la ciudad de Nueva York, y especialmente a Long Island, las azotan huracanes en su recorrido ascendente desde la costa de Florida.

Litoral, playas, puertos, canales, islas

Aunque la gran mayoría del estado de Nueva York está rodeado de tierra, el extremo sur tiene puertos y una ribera importantes. Fue este acceso al océano Atlántico el que permitió que Nueva York se estableciera desde el principio como una importante ciudad mercantil y, más tarde, como un importante centro industrial. El puerto de Nueva York, en la

¿LO SABÍAS?

Las ciudades de Syracuse, Rochester y Buffalo, en Nueva York, tienen nevadas anuales más intensas que cualquier otra ciudad grande de la nación.

▼ *De izquierda a derecha:* faro en Montauk; coyote; las cataratas del Niágara, viñedo del norte del estado; el Central Park de la ciudad de Nueva York; B & B Buffalo Ranch en Ellicotville.

desembocadura del Hudson, es un puerto natural profundo que protege la tierra casi por completo.

Las tres islas más grandes de Nueva York, Long Island, Manhattan y Staten Island tienen acceso tanto al océano Atlántico como al río Hudson, esto les permite crecer como centros industriales y como prósperos puertos. Las tres islas están densamente pobladas.

Los límites de Nueva York se forman parcialmente por dos de los cinco Grandes Lagos. Si agregamos el acceso al canal de San Lorenzo, significa que los productos pueden atravesar el estado y llegar hasta el oeste de Estados Unidos. Además, los productos pueden venir desde Canadá hasta Nueva York y seguir más lejos.

El estado de Nueva York tiene más de ocho mil lagos, que le otorgan una gran belleza natural, recursos para la pesca y agua para el consumo. Los Finger Lakes, formaciones naturales de agua que existen en el medio del estado, ayudaron a solucionar los problemas de construcción del canal de Erie. El lago Champlain se comunica también con el canal de San Lorenzo.

Ríos importantes

Los ríos Delaware, Hudson y Mohawk posibilitan el transporte de mercaderías dentro del estado. El río Hudson ha sido el más importante, especialmente desde la apertura del canal de Erie.

Montañas

Las montañas de Nueva York se encuentran entre las más antiguas del mundo, aunque no son muy altas comparadas con las del oeste de Estados Unidos. Las regiones de bosques densos fueron muy importantes para la industria maderera.

Flora y fauna

La variedad de hábitats del estado de Nueva York se traduce en una inmensa diversidad biológica. El estado tiene una gran densidad de población de fauna.

Nueva York es el hogar de 328 especies de aves, 93

Temperatura media en enero
Ciudad de Nueva York: 32 °F (0 °C)
Buffalo: 24 °F (-4 °C)

Temperatura media en julio
Ciudad de Nueva York: 77 °F (25 °C)
Buffalo: 71 °F (21 °C)

Promedio anual de lluvia
Ciudad de Nueva York: 47.2 pulgadas (120 cm)
Buffalo: 35.6 pulgadas (90.4 cm)

Promedio anual de nieve
Ciudad de Nueva York: 29.2 pulgadas (74 cm)
Buffalo: 82.5 pulgadas (209 cm)

Ríos importantes

Río Delaware
405 millas (650 km) en total, 325 millas (523 km) dentro del estado de Nueva York

Río Hudson
308 millas (494 km)

Río Mohawk
140 millas (225 km)

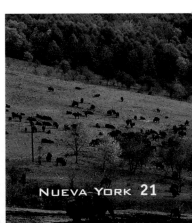

Mapa con los siguientes elementos: N (brújula), CANADÁ, R. San Lorenzo, L. Champlain, Montañas Verdes, Montañas Blancas, L. Placid, PARQUE ADIRONDACK, M. Marcy, Montes Adirondack, Lago Ontario, L. George, L. Oneida, L. Great Sacandaga, Montes Apalaches, Cataratas del Niágara, R. Mohawk, Finger Lakes, Cordillera Taconic, Lago Erie, L. Cayuga, L. Seneca, PARQUE ESTATAL ALLEGANY, Montes Catskill, PARQUE CATSKILL, R. Hudson, R. Delaware, Meseta de Allegheny, Canal de Long Island, Montes Apalaches, Long Island, Fire Island, Playa Jones, Puerto de Nueva York, OCÉANO ATLÁNTICO

ESCALA/CLAVE

0 — 100 millas
0 — 100 kilómetros

◆ Sitio notable
▲ Punto más alto
Montañas

especies de mamíferos, 490 especies de peces de agua dulce y de mar, y 73 especies de reptiles y anfibios. Algunos animales son tan comunes como la rosa rugosa que salpica las dunas de Montauk, el punto más oriental del estado, o como los arces azucareros o los de hoja perenne que cubren millones de acres de bosques y montañas. Sin embargo, otros son muy poco comunes, como el charalito plateado y la rata de campo de Allegheny, ambas especies en vías de extinción. Los santuarios de vida silvestre de los condados de Dutchess y de Columbia brindan lugar de anidamiento a miles de garzas azuladas, colibríes y tordos sargento.

Los períodos de crecimiento económico de Nueva York dieron como resultado un desarrollo creciente, que a su vez amenazó algunos hábitats de animales. Ahora el ciervo y el coyote se adentran en los suburbios y las ciudades. En la actualidad Nueva York busca cuidar su vida silvestre con legislación y trabajando con organismos como la Sociedad Nacional Audubon.

Puntos más altos

Montes Adirondack
Monte Marcy
5,344 pies (1,629 m)

Montes Catskill
Monte Slide
4,206 pies (1,282 m)

Medio ambiente

Aunque Nueva York tiene la zona semisilvestre más grande al este del Mississippi, 18 millones de acres (7,284,600 ha) en el parque estatal Adirondack, también es el tercer estado en cantidad de población de toda la nación. Muchas personas viajan diariamente hacia y desde Nueva York desde zonas cercanas. La cantidad de gente afecta seriamente al medio ambiente del estado.

Por ejemplo, la gran población de la ciudad de Nueva York produce gran cantidad de aguas negras, algunas de las cuales se vuelcan en las aguas que rodean la ciudad. Aunque el estado ha comenzado un programa de reciclado, todavía se debe eliminar anualmente más de 4 millones de toneladas de residuos sólidos. La mayor parte de la basura se coloca en vertederos. Por desgracia, los materiales dañinos pueden filtrarse al suelo y al agua. Nueva York está tratando de cerrar los vertederos, pero todavía no se ha encontrado otra forma de eliminación.

Esa cantidad de personas significa montones de automóviles. El Organismo para la Protección del Medio Ambiente de EE.UU. estima que las toxinas en el aire producidas por los vehículos motorizados pueden provocar anualmente 1,500 casos de cáncer en el país. Las emanaciones de los automóviles ayudan a causar lluvia ácida y calentamiento global, y son la única fuente más grande del ozono superficial, un componente importante del smog. El ozono provoca ataques de tos y problemas respiratorios, y puede provocar daños pulmonares permanentes. Los automóviles también emiten sustancias contaminantes clasificadas como toxinas aéreas, que tienen efectos adversos sobre los sistemas nervioso y respiratorio.

Finalmente, en Nueva York residen muchas industrias, algunas de las cuales producen sustancias químicas tóxicas, metales pesados como el plomo y el mercurio, y otros compuestos peligrosos. Estas sustancias también pueden provocar grandes riesgos para la salud; en los años setenta, el BPC (bifenilo policlorado), una sustancia química tóxica, contaminó el agua y el suelo de un suburbio cercano a las Cataratas del Niágara, llamado Love Canal.

▶ Los coyotes, nativos del estado, han restablecido su población en el parque Adirondack de Nueva York.

Lagos más grandes

Lago Erie
Longitud: 241 mi (388 km)
Extensión en el punto más ancho: 57 millas (92 km)
Tamaño: 9,940 millas cuadradas (25,745 km²)

Lago Ontario
Longitud: 193 mi (311 km)
Extensión en el punto más ancho: 53 millas (85 km)
Tamaño: 7,540 millas cuadradas (19,529 km²)

Lago Champlain
Longitud: 125 mi (201 km)
Extensión en el punto más ancho: 14 millas (23 km)
Tamaño: 490 millas cuadradas (1,269 km²)

Lago George
Longitud: 33 mi (53 km)
Extensión en el punto más ancho: 3 millas (5 km)
Tamaño: 25 millas cuadradas (65 km²)

De los animales a la bolsa

> Desde Long Island hasta los montes Adirondack, pasando por mi viejo vecindario del Bronx, los neoyorquinos tenemos una rica tradición de trabajadores que se han unido.
>
> -—*John J. Sweeney, presidente de AFL-CIO.*

La fuerza laboral de Nueva York se compone de alrededor de 9 millones de personas, que abarca un gran número de afroamericanos e hispanos. La mayoría trabaja en industrias de servicios o en comercios mayoristas o minoristas. La ciudad de Nueva York también es un centro de comunicación y entretenimiento, las principales cadenas de televisión, estudios de música y compañías publicitarias tienen allí su sede.

Aunque la manufactura está en disminución, la industria aún es fuente importante de trabajo, en particular en el área de Rochester. Allí se fabrican cámaras, películas, equipos de copiado e instrumentos científicos. Para muchos, la agricultura es una forma de vida. Nueva York se ubica en los primeros puestos entre los estados que producen leche y sus derivados.

La población activa de Nueva York es muy productiva. Cada trabajador produce más bienes o servicios que en cualquier otro lugar del país. Uno de los motivos es el alto nivel de educación de la población activa.

El 25 % de los neoyorquinos pertenece a sindicatos, el porcentaje más grande entre los estados, y refleja la importancia de la manufactura para la economía, así como la tradición de reforma del estado.

Sin embargo, las bases de la economía del estado están en constante cambio. En la actualidad, la manufactura no tiene un papel tan importante como el que tenía a principios y mediados del siglo XX. Los seguros, los bienes raíces, la banca y las finanzas han adquirido más importancia en término del valor de los bienes y servicios que el estado produce. De hecho, representan la tercera parte del valor de todos los bienes y servicios de Nueva York (conocido como producto estatal bruto).

¿LO SABÍAS?

En la ciudad de Nueva York se publica alrededor de la sexta parte de los materiales de lectura que se producen en EE.UU.

Principales empleadores

(de empleados de 16 años o más; los totales suman más del 100 % porque algunos habitantes pueden tener dos o más empleos.)

Empresas de servicios (tintorerías, restaurantes) . . . . . . 37 %

Comercio mayorista y/o minorista . . . . . . 19 %

Gobierno federal, estatal y local (incluido las fuerzas armadas) . . 17 %

Manufactura . . . . . . 14 %

Compañías financieras, de seguros y de bienes raíces . . . . 9 %

Transportes y servicios públicos . . 7 %

Construcción . . . . 5 %

Agricultura, pesca y silvicultura . . . . 1 %

Minería . . . . 1 %

ECONOMÍA DE NUEVA YORK

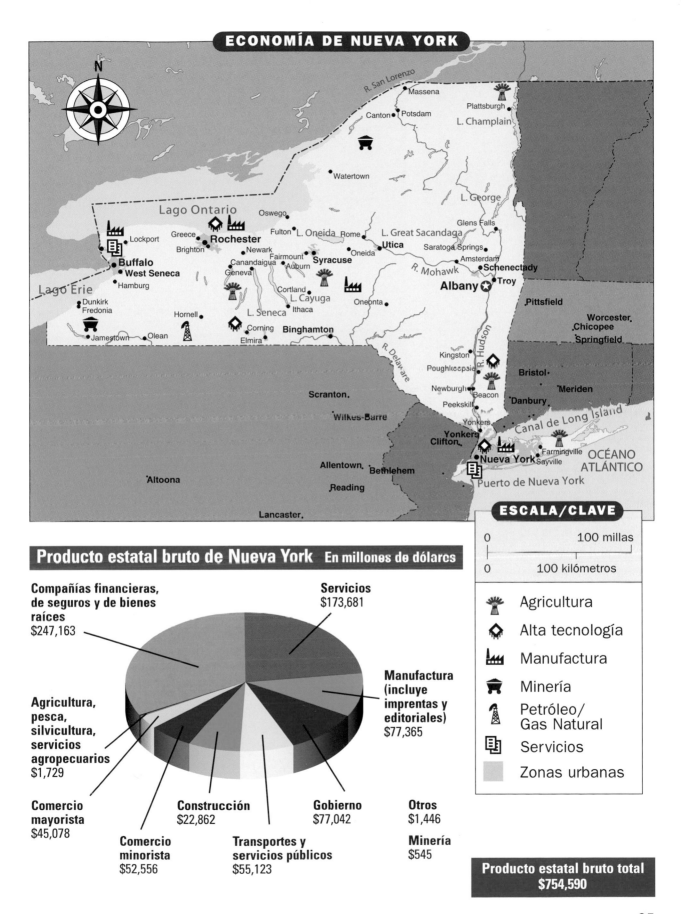

Producto estatal bruto de Nueva York En millones de dólares

ESCALA/CLAVE

0 — 100 millas

0 — 100 kilómetros

- 🌾 Agricultura
- ◇ Alta tecnología
- 🏭 Manufactura
- 🛒 Minería
- 🛢 Petróleo/Gas Natural
- 🏢 Servicios
- Zonas urbanas

Compañías financieras, de seguros y de bienes raíces
$247,163

Servicios
$173,681

Manufactura (incluye imprentas y editoriales)
$77,365

Agricultura, pesca, silvicultura, servicios agropecuarios
$1,729

Comercio mayorista
$45,078

Comercio minorista
$52,556

Construcción
$22,862

Transportes y servicios públicos
$55,123

Gobierno
$77,042

Otros
$1,446

Minería
$545

Producto estatal bruto total
$754,590

Altas finanzas

El primer banco comercial del estado, el Banco de Nueva York se inauguró en 1784 en la ciudad de Nueva York. Hacia 1791 tenía una oficina en la esquina de las calles Wall y William, cerca de la oficina en Wall Street del Primer Banco de Estados Unidos. Desde entonces, el término *Wall Street* se refiere a un poderoso centro internacional de altas finanzas. Incluso la interrupción que provocó el desastre del World Trade Center, el 11 de septiembre de 2001, no disminuyó la actividad de Wall Street durante mucho tiempo.

La bulliciosa Bolsa de Valores de Nueva York (NYSE), dotada de alta tecnología, en el corazón del distrito financiero de la ciudad, es el mercado de comercio de títulos (acciones y bonos) más grande del mundo. La Bolsa de Valores Estadounidense (*American Stock Exchange*) tiene sus oficinas cerca de allí. Las casas de corretaje, empresas legales, compañías de seguros y otros comercios relacionados con la bolsa de valores se encuentran en las zonas aledañas.

Donde las manzanas son realmente grandes

La ciudad de Nueva York puede ser el centro de las altas finanzas, pero cuando se trata de la agricultura, la Gran Man-

▲ Wall Street, en la ciudad de Nueva York, una de las capitales financieras del mundo.

Hecho en Nueva York

Principales productos agrícolas y cultivos
Leche y productos lácteos
Manzanas
Cerezas
Uvas
Maíz
Heno
Alfalfa

Otros productos
Material impreso
Instrumentos científicos
Grava
Maquinaria

zana es la parte norte de Nueva York. O mejor aún, es grande por sus manzanas, son la fruta principal de Nueva York y crecen en miles de huertos. En Catskill, Long Island, y en el oeste del estado se cultivan uvas para la producción de vinos. Nueva York también es uno de los máximos productores de leche y sus derivados del país, con más de 10 mil granjas lecheras que producen mensualmente más de 80 millones de galones (304 millones de litros) de leche. Otras granjas crían ganado vacuno, cerdos y patos, y además cultivan.

La gran razón del éxito de Nueva York en la agricultura es la geografía. Las plantas crecen particularmente bien gracias al suelo rico en minerales de los valles fluviales del norte de Nueva York, que los glaciares depositaron hace miles de años.

Aviones, trenes y automóviles

El estado de Nueva York tiene muchos ferrocarriles comerciales y suburbanos. El Long Island Railroad y el Metro-North Railroad son el primero y el segundo ferrocarril suburbano más usado. El Long Island Railroad tiene más de 701 millas (1,128 km) de vías y el Metro-North 775 millas (1,247 km). Amtrak también tiene líneas de pasajeros por todo el estado.

El sistema de subterráneos de la ciudad de Nueva York, da servicio a un promedio de 4.3 millones de pasajeros por día y 1.3 miles de millones por año. Las personas entran a la ciudad y salen de ella no sólo en subterráneo sino en helicópteros y autobuses acuáticos. Todos los años, 19 millones de pasajeros viajan en el transbordador *Staten Island Ferry*, y otros transbordadores viajan desde Nueva Jersey por el río Hudson.

Cientos de millones de pasajeros usan los 6 aeropuertos principales de Nueva York (contando el Aeropuerto Internacional de Newark, de Nueva Jersey). Alrededor de 230 millones de automóviles usan anualmente el sistema de autopistas. Más de 640 millas (1,032 km) de la autopista Gobernador Thomas E. Dewey conectan la ciudad de Nueva York y Buffalo por medio del sistema de supercarreteras con peaje más grande de la nación. El sistema conecta también Nueva York con Canadá, Connecticut, Nueva Jersey, Massachusetts y Pensilvania.

▲ Existen más de 7.4 millones de manzanos en el estado de Nueva York, y en el otoño de 2000, los agricultores neoyorquinos cosecharon más de 25 millones de fanegas de manzanas. En el estado existen más de 650 huertas, en una superficie aproximada de 55,000 acres (22,257 ha).

Aeropuertos más importantes		
Aeropuerto	**Ubicación**	**Pasajeros por año (aprox.)**
John F. Kennedy	Queens (ciudad de NY)	332,779,428
de LaGuardia	Queens (ciudad de NY)	25,233,889
Buffalo-Niágara	Buffalo	4,250,474
Internacional de Albany	Albany	2,876,817
Internacional de Syracuse Hancock	Syracuse	2,137,953

Un paso adelante

Tan grande era la popularidad de George Clinton que en la primera elección bajo la constitución nueva fue elegido gobernador y vicegobernador. Declinó el último cargo…
— *Andrew McCord, 1777*

Construir un estado

El 26 de julio de 1788 Nueva York ratificó la constitución de Estados Unidos, pero el estado ya había tenido su propia constitución durante diez años. En 1777 a George Clinton, el primer gobernador de Nueva York, lo eligieron para el cargo mientras se libraba la guerra de la Revolución. Nueva York, que técnicamente era todavía una colonia británica, realizó una convención estatal y creó una constitución estatal que declaraba que al gobernador debía elegirlo el pueblo.

La constitución también garantizaba que los ciudadanos de Nueva York tendrían el derecho a enmendarla, o cambiarla. Hasta hoy, los neoyorquinos votan cada 20 años si deben realizar otra convención para enmendar su constitución. Las nuevas constituciones se adoptaron en 1821, 1846 y 1894. Esta última se enmendó más de doscientas veces.

Historia política

A la historia política de Nueva York la han trazado generalmente dos puntos de vista conflictivos. Por un lado han estado los que luchaban por aumentar el comercio y, por el otro, los que eran más cerrados o estrechos de mira. Esto ha sido cierto dado que los antifederalistas, muchos de ellos poderosos terratenientes, se opusieron a la construcción del canal de Erie. Mientras tanto, los federalistas en general esperaban un aumento del comercio que creían que esa vía de navegación traería al estado.

A través de toda la historia de Nueva York la tensión por el comercio fue una constante. Cuando comenzó la Guerra Civil, el Partido Republicano de Nueva York estaba a favor de la lucha para la Unión y por abolir la esclavitud. El Partido Democrático, compuesto fundamentalmente por políticos de la ciu-

Constitución del estado de Nueva York

Resuelve, Que se recomienda a las respectivas asambleas y convenciones de las colonias unidas, que donde no se haya establecido hasta el momento un gobierno adecuado para las exigencias de sus asuntos, se adopte, según la opinión de los representantes del pueblo, el gobierno que conduzca mejor hacia la felicidad y seguridad de sus constituyentes en particular, y de Estados Unidos en general.

20 de abril, 1777

Cargos por elección para el poder ejecutivo		
Cargo	Duración del mandato	Límite del mandato
Gobernador	4 años	Ninguno
Vicegobernador	4 años	Ninguno
Fiscal general	4 años	Ninguno
Secretario de Estado	4 años	Ninguno
Interventor del Estado	4 años	Ninguno

dad de Nueva York y otros centros industriales importantes, sentía que necesitaba proteger su relación comercial con el Sur y oponerse a la guerra. Finalmente el estado de Nueva York formó filas con el resto de los estados norteños y, en Bull Run, la primera batalla de la Guerra Civil, más de un tercio de las bajas fueron neoyorquinas.

Como la inmigración estimulaba el crecimiento de la ciudad de Nueva York hacia finales del siglo XIX y principios del XX, la línea divisoria entre la ciudad y sus creencias, y las de las zonas más rurales del estado estaba sólo confirmada. En términos generales, reinaba una fuerte tradición de reforma y actitudes políticas progresistas. El estado tiene una larga historia liberal en temas como abolición de la esclavitud, sufragio, derechos de los trabajadores y otros asuntos sociales progresistas.

Poder Ejecutivo

Nueva York realiza las elecciones anualmente, el primer martes de noviembre. Los neoyorquinos eligen cada cuatro años gobernador, quien asume el cargo el 1 de enero del año siguiente.

El gobernador es el responsable de nombrar a las personas para los diferentes cargos. Sin embargo, no nombra a los miembros del Consejo Directivo, que supervisa la educación. A este consejo lo elige la legislatura.

La Legislatura

Como el Congreso de Estados Unidos, la Legislatura del estado de Nueva York es bicameral, compuesta de dos cámaras. En Nueva York, las dos cámaras son el senado y

◄ Capitolio del Estado de Nueva York. Su construcción demoró 32 años (1867-1899).

la asamblea del estado. El estado se divide en 61 distritos, y cada uno elige un senador. El número de miembros de la asamblea que elige cada distrito depende de la población de ese distrito.

Los legisladores comienzan a sesionar en la capital del estado, Albany, el miércoles siguiente al primer lunes de enero. La legislatura es responsable de sancionar leyes y de recaudar impuestos.

El Sistema Judicial

En la mayoría de los estados así como en el gobierno federal, el tribunal más alto es la corte suprema. Sin embargo, en Nueva York el tribunal más alto es la corte de apelaciones. Está compuesta por un presidente y seis jueces asociados. Como todos los jueces estatales, cumplen un mandato de 14 años. La corte de apelaciones puede decidir atender las apelaciones de casos juzgados por tribunales de apelación.

Por debajo de la corte de apelaciones se ubican los tribunales de apelación. Se dividen en cuatro secciones. Cada una se ocupa de casos de una zona específica del estado. Los tribunales de apelación pueden decidir atender apelaciones de casos juzgados por la suprema corte.

Por debajo de los tribunales de apelación se ubica la suprema corte. En ella hay aproximadamente 324 jueces, quienes tienen cargos por elección. A veces es necesario completar un puesto en los tribunales de apelación o en la corte de apelación. En estos casos, el gobernador elige entre los jueces de la corte suprema y la legislatura los aprueba.

El último tribunal estatal es la corte de reclamos. Se creó en 1939 y atiende demandas contra el estado y sus organismos. El gobernador designa para esta corte a abogados en ejercicio, y el senado del estado los confirma. Los jueces tienen períodos de nueve años y pueden prestar servicio por más de un período. Sin embargo, por ley deben retirarse a los 70 años.

Localmente, cada condado tiene sus propios tribunales. Estos atienden casos civiles y penales que suceden dentro de ese condado. También existen tribunales de familia, de pueblo, de ciudad y de aldea.

▲ En la Cámara de la Asamblea se votan aproximadamente dos mil proyectos de ley y resoluciones por año. En la actualidad los votos se clasifican y se cuentan electrónicamente.

Legislatura del Estado de Nueva York			
Cámara	Cantidad de miembros	Duración del mandato	Límite del mandato
Senado	61 senadores	2 años	Ninguno
Asamblea	150 representantes	2 años	Ninguno

A la Casa Blanca vía Nueva York

Seis neoyorquinos han sido presidentes de Estados Unidos

MARTIN VAN BUREN (1837–1841)
Apenas ganó las elecciones, la nación se volvió en su contra. Al pánico de 1837 lo siguió una depresión, y Van Buren no dio respuestas.

MILLARD FILLMORE (1850–1853)
Respaldó el Compromiso de 1850 al establecer una Ley para Esclavos Fugitivos que garantizaba que los esclavos que se fugaran serían devueltos a sus dueños.

CHESTER ALAN ARTHUR (1881–1885)
Abogado de la ciudad de Nueva York, a su presidencia la marcó la organización del territorio de Alaska.

GROVER CLEVELAND (1885–1889 y 1893–1897) Nacido en Nueva Jersey, fue el único presidente elegido por dos períodos no consecutivos. También fue el único presidente que se casó en la Casa Blanca.

THEODORE ROOSEVELT (1901–1909)
Durante su mandato declaró 150 bosques nacionales, las 51 primeras reservas federales de aves, 5 parques nacionales, los 18 primeros monumentos nacionales y las 4 primeras reservas nacionales de animales de caza. Durante siete años brindó protección federal a casi 230 millones de acres (93 millones de ha).

FRANKLIN DELANO ROOSEVELT
(1933–1945) Fue el único presidente que cumplió cuatro mandatos consecutivos. Su época en el cargo la marcaron programas sociales radicales (el Nuevo Trato) y la Segunda Guerra Mundial.

Gobierno local

El estado de Nueva York está dividido en 62 condados, 62 ciudades, 932 pueblos y 553 aldeas. Por lo general, a cada condado lo administra una junta de supervisores responsable de los parques, las bibliotecas, los tribunales del condado, los servicios sociales y las autopistas.

Dentro de cada condado existen ciudades, pueblos y aldeas. A las ciudades y los pueblos los gobiernan un alcalde y un ayuntamiento o un supervisor, y una junta de supervisores. Dentro de una ciudad o un pueblo más grande pueden existir varias aldeas. A menudo una aldea también tiene alcalde. Pueden recaudar impuestos cualesquiera de los niveles de gobierno: estado, pueblo o ciudad, y aldea. Los gobiernos locales reciben una parte del dinero que se recauda de los impuestos estatales. Más de la mitad del presupuesto estatal va a los gobiernos locales. Los funcionarios locales suelen invertir la mayor parte de ese dinero en el sistema de escuelas públicas. Otros fondos van para las autopistas, viviendas públicas y asistencia social.

¿LO SABÍAS?

Los cinco condados que forman la ciudad de Nueva York se llaman también distritos, y funcionan tanto como condados independientes y como partes de una gran ciudad.

Nueva York es un estado de ánimo

Descubrir tus pies bailar
en el lugar que yo te voy a mostrar
calle 42

—42nd Street, *comedia musical*
(letra de Al Dubin, música de Harry Warren)

L a ciudad de Nueva York, particularmente la isla de Manhattan, es el centro cultural de Nueva York y una fuerza cultural dominante en todo el mundo. Tiene de todo, desde museos de primer orden hasta teatros reconocidos internacionalmente, así como danza, música clásica, jazz, rock and roll, y la lista continúa. Entre los lugares de la ciudad de Nueva York que deben visitarse se encuentra un tramo de 15

▼ **Times Square es el corazón del distrito teatral de Manhattan.**

cuadras de Broadway que se conoce como La Gran Vía Blanca, que incluye la famosa calle 42. Durante cientos de años ha sido el distrito teatral de Nueva York, donde cada noche se representan dramas, comedias y comedias musicales.

La actuación corre por las venas de muchos neoyorquinos. Desde el siglo XIX hasta la década de los treinta Nueva York fue el centro de la industria cinematográfica. En ese momento, la radio se convirtió en una industria importante en la ciudad, y la industria televisiva empezó también en este lugar.

La mayoría de las noches hay música y danza. El Lincoln Center es la sede del New York City Ballet, de la Orquesta Filarmónica de Nueva York, y de la Metropolitan Opera Company. El cercano Carnegie Hall ofrece acontecimientos musicales de todo tipo.

A la ciudad de Nueva York se la considera capital cultural del estado y principal centro internacional de entretenimiento y cultura, pero el resto del estado también tiene mucho que ofrecer. En 1825, la belleza del valle del río Hudson dio origen al primer género genuino de pintura estadounidense, que se conoce como la Escuela del Río Hudson. Artistas como Asher Durand y Thomas Cole, estimulados por un orgullo nacionalista y un amor hacia zonas inexploradas, pensaban que sus pinturas mostraban la obra de Dios en la belleza de la naturaleza.

En la actualidad, el río Hudson mantiene viva su belleza, pero casi doscientos años de industrialización lo han afectado. En 1969 se llevó adelante un esfuerzo masivo de limpieza que encabezó el cantante de música folk Pete Seeger, quien capitaneaba un gran velero con un mástil de 108 pies (33 m) y 5,000 pies cuadrados (465 m²) de vela. El *Clearwater* enseña la importancia de la conservación ecológica y la restauración del entorno del río Hudson. Cada año más de 16,000 escolares tienen la oportunidad de subir al barco y de aprender la forma de transmitir ese mensaje.

Sobre la costa del río Hudson se encuentra también West Point. Fundada en 1778, es la academia militar más antigua y el puesto militar que funciona sin interrupción más antiguo de la nación. En Throby Point los turistas pueden ver la cadena de 500 yardas (457 m) que se extendió en West Point a través

▲ En 1839 Henry Cole, pintor de la Escuela del Río Hudson, pintó *Notch of the White Mountains.*

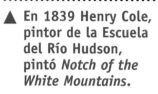

El teatro Apollo

Algunos de los mejores músicos, bailarines y comediantes afroamericanos han actuado regularmente en este destacado teatro del vecindario de Harlem, en la ciudad de Nueva York. Muchos de ellos, incluyendo a James Brown, Gladys Knight y Sarah Vaughn iniciaron su carrera en la famosa noche de aficionados del teatro. Irónicamente, cuando el teatro abrió sus puertas en 1914, estaba reservado solamente para blancos. Recién en los años treinta fue accesible a todas las personas.

del Hudson durante la guerra de la Revolución, como barrera para los barcos enemigos. Fueron a la escuela Ulysses S. Grant, Robert E. Lee, Dwight Eisenhower, Douglas MacArthur y George Patton.

Al este de la ciudad de Nueva York está Long Island, donde se extienden los distritos de Queens y Brooklyn, y los suburbios de los condados de Nassau y Suffolk. La costa atlántica tiene playas de arena blanca brillante.

En la costa norte de Long Island está el sitio histórico nacional Sagamore Hill, originariamente la casa de verano de Theodore Roosevelt. En la actualidad la casa es un museo y está amoblada como cuando Roosevelt vivía allí.

Al norte de la ciudad de Nueva York, en la zona de la capital, Albany, se encuentra la histórica Saratoga Springs. Por mucho tiempo centro turístico de retiro veraniego, tiene una pista de atletismo que data de 1863. En la actualidad funciona el Museo Nacional de Carreras y su Salón de la Fama, un homenaje a uno de los más antiguos deportes de Estados Unidos. Saratoga también es cuna del Centro de Artes Interpretativas de Saratoga, la residencia de verano del New York City Ballet, de la New York City Opera y de la Orquesta de Filadelfia.

Al oeste de Saratoga está la región de Central-Leatherstocking de Nueva York. La zona se denomina así debido a que está en el centro del estado y es el lugar que describió James

Fenimore Cooper en su *Leatherstocking Tales*. Esta zona está llena de bellos paisajes, pero tiene particular interés para los amantes del béisbol, ya que Cooperstown es la cuna del Salón Nacional de la Fama de Béisbol. También es el pueblo natal de James Fenimore Cooper. Aparte del museo del béisbol, esta zona también ostenta un museo de agricultura y un conjunto de edificios de fines del siglo XVI y principios del XVII.

Hacia el oeste, la zona de Finger Lakes cautiva por igual a los aficionados a la historia y a los turistas. Los numerosos lagos de la región permiten paseos en bote y pesca, y en Seneca Falls se encuentra el parque histórico nacional de Derechos de la Mujer. Dentro de los límites del parque están la casa de la sufragista Elizabeth Cady Staton; la capilla Wesleyan, donde se celebró la primera convención de derechos de las mujeres, y la Casa McClintock, donde Elizabeth Cady Stanton redactó el borrador de la Declaración de Sentimientos.

Cuando se trata de atracciones turísticas, las Cataratas del Niágara, en el extremo noroeste del estado, se ubican primeras no sólo en el estado sino en todo el mundo. Su altura de 282 pies (86 m) hace que se las mencione como una de las siete maravillas del mundo. Ubicada en el parque estatal Cataratas del Niágara, el parque estatal más antiguo de la nación, pueden avistarse desde la embarcación de paseo *Maid of the Mist*. Las famosas cataratas no son la única atracción turística de la zona del Niágara. En el Museo Daredevil puedes enterarte de todas las personas exitosas, y no tanto, que intentaron viajar por las cataratas en un barril.

◀ En las cataratas del Niágara caen por segundo más de 6 millones de pies cúbicos (168,000 m³) de agua.

▲ **Jackie Robinson.**

Deportes

Los neoyorquinos adoran los deportes. Además del legendario estadio de los Yankees y del Madison Square Garden, Nueva York es la residencia de muchos campos deportivos, entre ellos el estadio Shea y el Centro Nacional de Tenis de la USTA. Aquí se juega a principios de septiembre la final anual del torneo de Grand Slam, el Abierto de EE.UU. En el parque Belmont, en Long Island, se desarrolla Belmont Stakes, uno de las carreras de la Triple Corona.

Educación

La educación es un fundamento importante del compromiso de Nueva York con las artes y la cultura en general. Nueva York es líder nacional en brindar educación superior accesible, con un sistema universitario estatal que consiste de sesenta y cuatro recintos universitarios en todo el estado. La ciudad de Nueva York tiene su propia universidad, la Universidad de la Ciudad de Nueva York (City University of New York, CUNY), que consta de once colegios universitarios superiores, seis colegios universitarios comunitarios, una escuela de graduados, una facultad de leyes y una facultad de medicina.

Deporte	Equipo	Sede
Béisbol	New York Yankees	Yankee Stadium, Bronx
	New York Mets	Shea Stadium, Queens
Básquetbol	New York Knicks	Madison Square Garden, Manhattan
Básquetbol femenino	New York Liberty	Madison Square Garden, Manhattan
Fútbol americano	New York Giants	Giants Stadium, Rutherford este, Nueva Jersey
	New York Jets	Giants Stadium, Rutherford este, NuevaJersey
	Buffalo Bills	Ralph Wilson Stadium, Buffalo
Hockey	New York Islanders	Nassau Veterans Memorial Coliseum, Uniondale
	New York Rangers	Madison Square Garden, Manhattan
	Buffalo Sabres	HSBC Arena, Buffalo
Fútbol	New York Power	Memorial Stadium, New Brunswick, Nueva Jersey

Además, el estado es residencia de más de cien colegios universitarios y universidades privadas. Entre ellas están dos escuelas de la Liga Ivy, la Universidad Cornell en Ithaca y la Universidad de Columbia en Manhattan.

Primicias del béisbol

▶ Junio 1851: Dos equipos de diferentes estados compiten. Los New York Knicker-bockers juegan contra los Washington Base Ball Club en el Red House Grounds en Nueva York.

▶ Marzo 1858: El primer partido de béisbol en que se cobra entrada se juega entre los Brooklyn All-Stars y los New York All-Stars.

▶ 25 de diciembre de 1862: Cuarenta mil solda-dos de la Unión ven jugar un equipo de el regi-miento 165 de Infantería Voluntaria de Nueva York, probablemente el suceso deportivo más grande del siglo XIX.

▶ Marzo 1871: En la ciudad de Nueva York se organiza la Primera Liga Profesional de Béisbol.

▶ 1920: Con Babe Ruth como primer bateador, los Yankees rematan la primera de sus treinta y tres Series Mundiales. Otros Yankees legenda-rios fueron Joe DiMaggio, Mickey Mantle, Roger Maris y Derek Jeter.

◀ Los *Brooklyn Dodgers* de 1911. Muchos habitantes de Brooklyn aún lamentan el traslado de los *Dodgers* a Los Ángeles después de la temporada de 1957.

Constructores de imperios

¿Qué define a un neoyorquino? No lo hace el lugar donde nació ni su acento al hablar; no en Nueva York, famosa por recibir a recién llegados de cualquier origen geográfico, étnico y religioso.

—*Theodore C. Sorenson*

Éstas son sólo algunas de las miles de personas que vivieron, murieron o pasaron gran parte de su vida en Nueva York, y que hicieron contribuciones extraordinarias al estado y a la nación.

ALEXANDER HAMILTON

ESTADISTA

NACIDO: *alrededor de 1775, en Nevis, en las Antillas Menores británicas*
FALLECIDO: *el 12 de julio de 1804, en Nueva York*

Alexander Hamilton llegó a Nueva York en junio de 1773 con el propósito de estudiar medicina y con la intención de regresar a su tierra natal para abrir un consultorio. En cambio, se convirtió en uno de los padres fundadores de Estados Unidos. Hamilton fue teniente coronel del Ejército Continental y fue auxiliar de George Washington. Quizá lo más importante es que él, James Madison y John Jay redactaron *El Federalista*, bajo el seudónimo de «Publius».

WALT WHITMAN

POETA

NACIDO: *el 31 de mayo de 1819, en West Hills*
FALLECIDO: *el 26 de marzo de 1892, en Camden, NJ*

Walt Whitman fue un poeta, periodista y ensayista cuya colección de poemas *Hojas en la hierba* es un hito en la historia de la literatura estadounidense. Su inspiración para escribir poesía obedecía a su amor por la naturaleza, su experiencia durante la Guerra Civil y su tristeza por el asesinato de Abraham Lincoln. Sin embargo, toda su vida Whitman creyó que la naturaleza podía restaurar el alma, y su eterna poesía lo refleja.

KATE MULLANY
REFORMISTA

NACIDA: *alrededor de 1845, en Irlanda*
FALLECIDA: *alrededor de 1906, en Troy*

Catorce horas de trabajo diario al calor bochornoso. ¿El pago? Dos dólares por semana. La inmigrante irlandesa Kate Mullany organizó un sindicato como protesta a estas condiciones y, junto con doscientas trabajadoras, realizaron con éxito una huelga y lograron un aumento de sueldo. Mullany fue una de las primeras líderes del movimiento laborista. Aunque los sindicatos de trabajadores iban en aumento durante décadas, el sindicato que organizó Mullany duró 5 años. (La mayoría de los sindicatos de trabajadores de la época duraban sólo meses). En 1868 William Sylvis, el presidente del Sindicato Nacional de Trabajadores, la designó para un cargo nacional del sindicato de trabajadores, convirtiéndola en la primera mujer en lograr ese puesto.

JACOB RIIS
FOTÓGRAFO Y REFORMISTA

NACIDO: *el 3 de mayo de 1849, en Ribe, Dinamarca*
FALLECIDO: *el 26 de mayo de 1914, en Barre, MA*

Jacob August Riis, fotógrafo y reformista social, emigró de Dinamarca a Estados Unidos. Su trabajo como reportero de la policía de la ciudad de Nueva York hizo que encontrara el punto débil de la ciudad. Aterrado por la pobreza que encontró, utilizó su cámara y las por entonces lámparas de flash nuevas para documentar la vida de las superpobladas casas de vecindad del Lower East Side, donde existía una mortalidad infantil del 90 %. En 1890 publicó sus ilustraciones y fotografías en el libro *Cómo vive la otra mitad,* movilizando a los reformistas sociales. Theodore Roosevelt en persona le dijo a Riis: «He leído su libro y he venido a ayudar».

▼ **Del libro de Jacob Riis *Cómo vive la otra mitad,* un departamento de vecindad de la ciudad de Nueva York.**

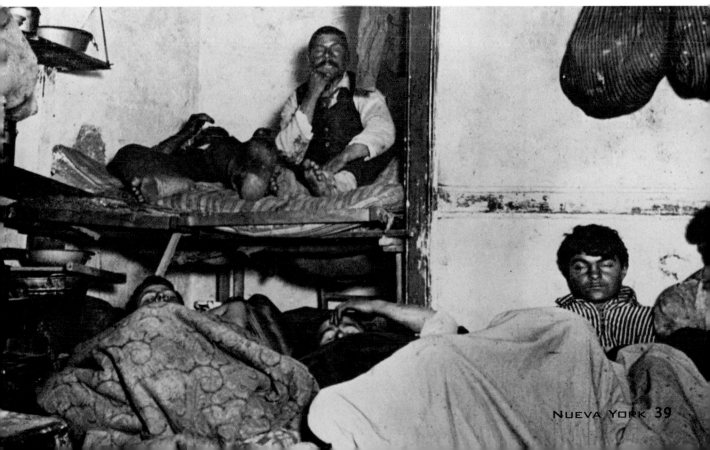

THEODORE ROOSEVELT

POLÍTICO Y ESTADISTA

NACIDO: *el 27 de octubre de 1858, en la ciudad de Nueva York*

FALLECIDO: *el 6 de enero de 1918, en Oyster Bay, NY*

Los logros de Teddy Roosevelt son legendarios, entre ellos, fue la persona más joven que asumió la presidencia de Estados Unidos. Fue también gobernador de Nueva York, ayudante de alguacil en el territorio de Dakota, comisionado de policía de la ciudad de Nueva York, secretario asistente de la Armada, y coronel de los Rough Riders. En 1901 asumió como vicepresidente y llegó a la presidencia después de que William McKinley recibiera un disparo. También ganó el Premio Nobel de la Paz por las negociaciones para finalizar la guerra Ruso–Japonesa.

MATTHEW ALEXANDER HENSON

EXPLORADOR

NACIDO: *el 8 de agosto de 1866, en Charles County, MD*

FALLECIDO: *el 9 de marzo de 1955, en la ciudad de Nueva York*

El afroamericano Matthew Henson, nacido en Maryland, se largó al mar como grumete a los 12 años. En 1888, el encuentro casual con el explorador Robert E. Peary lo llevó a su carrera de explorador y aventurero. El 6 de abril de 1909, junto con Perry y cuatro inuit, se convirtió en uno de los primeros hombres conocidos por haber llegado al Polo Norte. Desde 1929 hasta su muerte en 1955, Henson vivió en los Apartamentos Dunbar, en la ciudad de Nueva York donde, en la actualidad, su vivienda es sitio notable nacional.

FRANKLIN DELANO ROOSEVELT

POLÍTICO Y ESTADISTA

NACIDO: *el 30 de enero de 1882, en Hyde Park*

FALLECIDO: *el 12 de abril de 1945, en Warm Springs, GA*

Franklin Roosevelt (FDR) es la única persona reelecta cuatro veces para la presidencia. Durante su ejercicio guió a Estados Unidos por dos de las grandes crisis del siglo XX: la Gran Depresión y la Segunda Guerra Mundial. Roosevelt es conocido por sus *Fireside chats*, programa radial, y por su Nuevo Trato, que extendió enormemente los programas sociales en Estados Unidos. Aunque en su momento no fue reconocido públicamente, Roosevelt padeció polio y, de hecho, fue el primer presidente de Estados Unidos impedido físicamente.

LANGSTON HUGHES

POETA

NACIDO: *el 1 de febrero de 1902, en Joplin, MO*

FALLECIDO: *el 22 de mayo de 1967, en la ciudad de Nueva York*

James Mercer Langston Hughes nació en Joplin, Missouri, pero llegó a Harlem para estudiar en la Universidad de Columbia. Fue entonces que se enamoró de «esa gran ciudad oscura». Uno de los más renombrados artistas que emergieron del Renacimiento de Harlem, la poesía de Hughes describe con destreza la vida afroamericana desde los años veinte hasta los sesenta. Además de escribir poesía, es autor de la novela *Not Without Laughter,* y de varias colecciones de cuentos cortos.

JACQUELINE KENNEDY ONASSIS
PRIMERA DAMA, PERIODISTA Y EDITORA

NACIDA: *el 28 de julio de 1929, en Southampton*
FALLECIDA: *el 19 de mayo de 1994, en la ciudad de Nueva York*

Jacqueline Kennedy Onassis es más conocida como la esposa del presidente John F. Kennedy, pero antes de eso fue periodista y fotógrafa del *Washington Times Herald*. En 1951 conoció a John F. Kennedy cuando él era miembro del congreso del estado de Massachusetts. Se casaron en 1953. Durante su desempeño como Primera Dama, restauró la Casa Blanca y fundó la Asociación Histórica de la Casa Blanca. Inmensamente popular dentro y fuera del país, su estilo fue ampliamente imitado. Luego del asesinato de su esposo en 1963, volvió a la ciudad de Nueva York y con el tiempo volvió a casarse. Su matrimonio con el magnate naviero griego Aristóteles Onassis duró hasta que él falleció, en 1975. Después de la muerte de su esposo, volvió a publicar y trabajó como editora de libros.

RUDY GIULIANI
POLÍTICO

NACIDO: *el 28 de mayo de 1944, en Brooklyn*

Rudolph Giuliani, nieto de inmigrantes italianos y graduado de la Escuela de Leyes de la Universidad de Nueva York, se desempeñó como procurador de Estados Unidos en el Distrito Sur de Nueva York desde 1983 a 1993. En ese cargo logró notoriedad por sus esfuerzos por terminar con el delito organizado. En 1993 se convirtió en el 107 alcalde de la ciudad de Nueva York. Durante los 8 años en los que Giuliani ocupó ese cargo, Nueva York recibió cinco veces el título de ciudad grande más segura de Estados Unidos por parte del FBI. Debido a los límites de los mandatos, el segundo período de Giuliani debía ser el último. Mientras atravesaba un tratamiento por cáncer de próstata, Giuliani presidió la ciudad durante la peor crisis de su historia, la destrucción por parte de terroristas del World Trade Center, en septiembre de 2001. Aunque existió considerable apoyo público para extender su último período, o para la revocación de los límites de los mandatos y que de esta forma pudiera presentarse por tercera vez, se consideró anticonstitucional cualquier intento para mantener a Giuliani en el cargo.

KEITH HARING
ARTISTA

NACIDO: *el 4 de mayo de 1958, en Reading, PA*
FALLECIDO: *el 16 de febrero de 1990, en la ciudad de Nueva York*

En 1978, a los 20 años, Keith Haring se mudó a la ciudad de Nueva York y se inscribió en la Escuela de Artes Visuales. Se inspiró en el arte graffiti de los subterráneos y de las paredes de la ciudad de Nueva York y comenzó a crear sus propios trabajos en tiza con el estilo graffiti. Eran dibujos de platos voladores, figuras humanas, estudios de televisión, animales y bebés. Luego pasó el estilo de su arte a lienzos con trabajos audaces, de brillante colorido. Finalmente, se lo invitó a exponer por todo el mundo. Usó el arte para atraer la atención sobre problemas críticos, el analfabetismo, el uso de drogas y la toma de conciencia sobre el sida, y para pedir apoyo para UNICEF y para los movimientos *antiapartheid*. Haring murió a los 31 años por causas relacionadas con el sida.

Nueva York

Un vistazo a la historia

1524
Giovanni da Verrazzano se convierte en el primer europeo que avista Nueva York.

1609
El inglés Henry Hudson reclama para los holandeses la zona de la desembocadura del actual río Hudson y la bautiza Nueva Holanda.

1609
El francés Samuel de Champlain navega el Hudson río abajo, reclamando un derecho francés al territorio.

1624
Los holandeses establecen el fuerte Orange en lo que hoy es Albany.

1625
Los holandeses establecen Nueva Ámsterdam en lo que hoy es la ciudad de Nueva York.

1664
A Nueva Ámsterdam la conquistan los ingleses y la rebautizan Nueva York, como homenaje al duque de York.

1776
Nueva York firma la Declaración de Independencia, una de las trece colonias originales que se separaron de Inglaterra.

1777
La batalla de Saratoga, momento decisivo de la guerra de la Revolución, la ganan las colonias.

1788
El 26 de julio Nueva York adopta una constitución estatal y se convierte en estado.

1789
En la ciudad de Nueva York, a George Washington se lo proclama primer presidente de Estados Unidos.

1792
La fundación de la Bolsa de Valores de Nueva York establece a Nueva York como el centro financiero del país.

1799
Primeros pasos para abolir la esclavitud en Nueva York.

1600   **1700**   **1800**

1492
Cristóbal Colón llega al Nuevo Mundo.

1607
El Cap. John Smith desembarca con tres barcos en las costas de Virginia y funda Jamestown, el primer asentamiento inglés en el Nuevo Mundo.

1754–1763
Guerra contra la alianza Franco-Indígena.

1773
Motín del Té de Boston

1776
El 4 de julio se adopta la Declaración de Independencia.

1777
El Congreso Continental adopta los Artículos de Confederación.

1787
Se redacta la Constitución de EE.UU.

1812–1814
Guerra de 1812.

Estados Unidos

Un vistazo a la historia

▼ El centro de la ciudad de Manhattan como se veía desde Brooklyn en 1913.

1809
El barco *Clermont* de Robert Fulton remonta el río Hudson en el primer viaje exitoso de un bote de vapor, a una velocidad de funcionamiento de 5 mph (8 km/h).

1825
Se finaliza el canal de Erie que une el río Hudson con los Grandes Lagos, y que lleva a una era nueva y próspera de navegación y comercio.

1831
El primer ferrocarril de Nueva York, el Mohawk and Hudson, comienza a correr entre Albany y Schenectady.

1848
La Convención de Seneca Falls prepara el camino de los derechos de la mujer.

1863
Los disturbios en la ciudad de Nueva York en contra del reclutamiento para la Guerra Civil dejan un saldo de miles de muertos y millones de dólares en daños.

1883
Se termina el puente de Brooklyn, que une Manhattan con Brooklyn.

1886
El 28 de octubre el presidente Grover Cleveland inaugura la Estatua de la Libertad.

1907
Se produce un pico de inmigración: 1.3 millones de personas pasan por la isla Ellis, que se inauguró en 1898.

1911
El incendio de Triangle Shirtwaist mata a 146 trabajadoras, y conduce a reformas.

1946
Nueva York se convierte en la sede permanente de las Naciones Unidas.

1959
Se abre el Canal de San Lorenzo.

2000
Hillary Clinton es electa senadora de EE.UU. por Nueva York, la primera Primera Dama en el Senado.

2001
Unos terroristas secuestran dos aeronaves y las estrellan contra el World Trade Center de Nueva York, dejando miles de muertos y heridos. Los equipos de rescate trabajan sin tregua en el lugar, ganándose la gratitud de la ciudad.

1800 — **1900** — **2000**

1848
Se descubre oro en California; 80,000 buscadores llegan atraídos por la fiebre del oro de 1849.

1861–1865
Guerra Civil.

1869
Se termina el Ferrocarril Transcontinental.

1917–1918
EE.UU. interviene en la Primera Guerra Mundial.

1929
La quiebra del mercado accionario da inicio a la Gran Depresión.

1941–1945
EE.UU. interviene en la Segunda Guerra Mundial.

1950–1953
EE.UU. pelea en la guerra de Corea.

1964–1973
EE.UU. interviene en la guerra de Vietnam.

2000
George W. Bush gana las elecciones presidenciales más reñidas de la historia.

2001
Un ataque terrorista deja miles de muertos y heridos, después de que cuatro aviones secuestrados se estrellan contra el World Trade Center, en la ciudad de Nueva York, el Pentágono y en territorio de Pensilvania occidental.

Festivales y diversión para todos

Festival de Globos de Adirondack, Lago George

A medida que llega el otoño y las hojas adquieren colores brillantes, el cielo se llena de globos resplandecientes durante este festival anual. Un gran motivo para visitar la zona de Adirondack.

www.adirondackballonfestival.com

Festival de Teatro de Adirondack, Glens Falls

Durante cada temporada de verano de 4 semanas, el festival muestra al menos 3 obras, desde espectáculos de Broadway hasta estrenos mundiales. También hay talleres, lecturas y debates.

www.ATFestival.org

....

▼ Peatones en el puente de Brooklyn

Festival del Blues de Chenango, Norwich

Uno de los más grandes festivales de blues fuera de la ciudad de Nueva York presenta excelente música, comida y atracciones en la zona.

www.blackdogweb.com/bluesfest

Festival Shakespeare del Valle del Río Hudson, Cold Spring

El Festival Shakespeare del Valle del Río Hudson es una celebración anual de las obras de William Shakespeare.

hvshakespeare.org

Festival de la Manzana de LaFayette, LaFayette

El otoño es el complemento ideal para un festival que celebra las manzanas de Nueva York. Recorre la pintoresca LaFayette y únete a la diversión alrededor de la manzana.

wwwlafayetteapplefest.org

Festival de las Lilas, Rochester

Cada mes de mayo, el Festival de las Lilas celebra el comienzo de la primavera en el histórico Highland Park, cuando florecen mil doscientas matas de lilas entre las más de quinientas variedades.

www.history.rochester.edu/class/sethfox/geninf.htm

....

▶ Las lilas florecen para el Festival de las Lilas de Rochester.

Visita el sitio Web para verificar la fecha exacta e indicaciones de cómo llegar.

Feria Estatal de Nueva York, Syracuse

Más de 200 acres (81 ha) de animales, exhibiciones y exposiciones, así como actuaciones en vivo, paseos y juegos de destreza. La visitan cerca de un millón de personas al año.
www.nysfair.org

Avistamiento de ballenas en el lago Seneca, Geneva

Artesanías, excelente comida y tres días de avistamiento de ballenas componen una gran aventura para toda la familia.
www.whalewatch.com

Syracuse Nationals, Syracuse

Los fanáticos de los automóviles clásicos se reúnen en «el más grande suceso automovilístico de la costa este».
www.syracusenats.com

Fiesta del Tomate, lago Owasco, Auburn

Celebración de los tomates y recaudación de fondos. Música y artesanías típicas en este acontecimiento familiar.
cayuganet.org/tomatofest

▲ Los globos se elevan durante el Festival del Globo en Adirondack.

Desfiles y celebraciones callejeras de la ciudad de Nueva York

Cada año se realizan cientos de desfiles por toda la ciudad, reflejando su herencia étnica variada. Éstos son algunos:

Enero
Víspera de Año Nuevo: Millones de personas se juntan en Times Square para observar la caída de la bola a la medianoche.

Febrero
Año Nuevo Chino: dragones, bailarines y tambores crean una celebración distinta. Se celebra en el Barrio Chino de Manhattan.

Marzo
Desfile del Día de San Patricio: En 1766 se realizó el primer desfile, el primero en el continente americano. Transita la 5.° Avenida desde la calle 44 hasta la 86, en Manhattan.

Junio
Desfile del Día de Puerto Rico: En 1958 se realizó el primer desfile que transita la 5.° Avenida desde la calle 44 hasta la 86, en Manhattan.

Julio
Exhibición de Fuegos Artificiales de Macy's: Una demostración enorme de fuegos artificiales que se realiza en East River, entre Brooklyn y Manhattan.

Noviembre
Maratón de la Ciudad de Nueva York: Una maratón de 26.2 millas (42 km) que atraviesa los cinco distritos de la ciudad, empieza en Staten Island y termina en el Central Park de Manhattan.

Desfile del Día de Acción de Gracias de Macy's: Un desfile anual que se realiza todos los años desde 1924 y se televisa a toda la nación desde 1948.

Libros

Chambers, Veronica, Josh Wilker, y B. Marvis. *The Harlem Renaissance (El renacimiento de Harlem)*. Nueva York, Chelsea House Publishing, 1997. Aprende más sobre este emocionante momento de la cultura estadounidense y de la historia afroamericana.

Doherty, Craig A., Katherine M. Doherty, y Nicole Bowman. *The Erie Canal (El canal de Erie)*. Woodbridge, CT: Blackbirch Marketing, 1996. Descubre más sobre esta importante vía de navegación, que fue la autopista de una época pasada.

Fradin, Dennis Brindel. *The New York Colony (La colonia de Nueva York)*. Danbury, CT: Children's Press, 1998. Aprende sobre la historia de los asentamientos holandeses e ingleses en el estado de Nueva York.

Hansen, Joyce, y Gary McGowan. *Breaking Ground, Breaking Silence: The Story of New York's African Burial Ground (Rompiendo el suelo, rompiendo el silencio: la historia del cementerio africano de Nueva York)*. Nueva York: Henry Holt & Co., Inc, 1998. El descubrimiento de un cementerio de la época de la colonia echa luz sobre la historia de la ciudad de Nueva York.

Kalman, Bobbie, y Lewis Parker. *Life in a Longhouse Village (La vida en una aldea de casas comunales)*. Nueva York: Crabtree Pub., 2001. La vida en el estado de Nueva York antes de la llegada de los colonizadores europeos.

Sitios Web

▶ Sitio Web oficial del estado
www.iloveny.state.ny.us

▶ Sitio oficial de Albany
www.albanyny.org

▶ Sitio oficial de la ciudad de Nueva York
www.nyc.gov

▶ Guía de indicadores históricos del Estado de NuevaYork
www.nysm.nysed.gov/srv/largemarkers/inventoryone.html

▶ Sitio histórico de Long Island
www.lihistory.com

▶ Proyecto Periódicos del Estado de Nueva York: periódicos significativos publicados en Nueva York desde 1725
www.nysl.nysed.gov/nysnp

Películas

Burns, Ric. *New York: A Documentary Film (Nueva York: un documental)*. Boston: Steeplechase Films/WGBH, 2000. Un documental excelente e instructivo acerca del estado de Nueva York.